Vorwort

Erleben Sie die belebende Vielfalt der Smoothie Kraftpakete. Stärken Sie Ihr Immunsystem durch gesunde und leckere Getränke. In meinem Buch gibt es sowohl eine bunte Vielfalt, als auch grüne Smoothies. Zusammen mit dem neuen Thermomix TM5 ist alles schnell und einfach zubereitet. Es sind aber auch alle Rezepte auf die anderen Thermomix Geräte abwandelbar. Holen Sie ihren Körper aus dem Winterschlaf und lassen Sie neue Kräfte erwachen.

Ich wünsche Ihnen viel Spaß dabei.

Ihre Corinna Kleinmeyer

Inhaltsangabe

Bunte Smoothies

Granatapfel Smoothie
Affenbrot Smoothie
Cerealien Smoothie
Birnen Smoothie
Avocado Spinat Bananen Smoothie
Heidelbeere Mango Smoothie
Heidelbeere Orangen Bananen Mohn Smoothie
Zitronen Minze Smoothie
Erdbeer Bananen Smoothie
Aprikosen Honig Smoothie
Bunte Fruchtexplosion
Feigen Schoko Smoothie
Mandarinen Mango Bananen Smoothie
Möhren Smoothie
Avocado Bananen Mandel Smoothie
Orangen Ingwer Smoothie

Grüne Smoothies

Kiwi Gurken Smoothie
Limetten Traum
Spinat Granatapfel Smoothie
Gurken Schnittlauch Smoothie
Grünkohl Smoothie
Rosenkohl Spinat
Apfel Staudensellerie Smoothie
Schnittlauch Salat Smoothie
Spinat Bananen Smoothie
Gurken Joghurt Smoothie
Honigmelonen Kiwi Smoothie
Petersilien Gurken Smoothie

Nachtrag zum Impressum / Copyright

Bunte Smoothies

Granatapfel Smoothie

Zutaten
Inhalt eines Granatapfels
300 g Buttermilch
100 g Mineralwasser
Saft einer Zitrone
50 g Zucker
10 Eiswürfel

Zubereitung
Alle Zutaten nacheinander in den Mixtopf geben. Auf
Stufe 5 / 1 Minute mischen. In saubere Gläser füllen und
genießen.

Affenbrot Smoothie

Zutaten
2 Bananen
50 g Schokolade
400 g Joghurt
50 g Sahne
100 g Mineralwasser
Saft einer Zitrone
1 Prise Zimt
50 g Honig
10 Eiswürfel

Zubereitung
Alle Zutaten nacheinander in den Mixtopf geben. Auf Stufe 5 / 1 Minute mischen. Eventuelle nochmals alles mit den Spatel nach unten schieben. In saubere Gläser füllen und kalt stellen.

Cerealien Smoothie

Zutaten
2 Bananen
400 g Milch
80 g Honig
60 g Haferflocken
30 g Cornflakes
1 Pck. Vanille Zucker

Zubereitung
Alle Zutaten nacheinander in den Mixtopf geben. Auf
Stufe 5 / 1 Minute mischen. In saubere Gläser füllen und
genießen.

Birnen Smoothie

Zutaten
2 weiche Birnen, geviertelt
1 Prise Zimt
20 g Schoko Raspeln
350 g Wasser
2 EL braunen Zucker
40 g Honig

Zubereitung
Alle Zutaten nacheinander in den Mixtopf geben. Auf
Stufe 5 / 45 Sekunden mischen. Umfüllen und genießen.

Avocado Spinat Bananen Smoothie

Zutaten
Fleisch einer Avocado
1 Banane
30 g Spinat, frisch
300 g Joghurt
100 g Mineralwasser
Saft einer Zitrone
60 g Zucker
1 Prise Salz
10 Eiswürfel

Zubereitung
Alle Zutaten nacheinander in den Mixtopf geben. Auf
Stufe 5 / 1 Minute mischen. In saubere Gläser füllen und
genießen.

Heidelbeere Mango Smoothie

Zutaten
100 g Heidelbeeren
1 Mango, geschält, in Stücken
300 g Buttermilch
100 g Joghurt
80 g Zucker
1 Pck. Vanille Zucker

Zubereitung
Alle Zutaten nacheinander in den Mixtopf einwiegen.
Auf Stufe 3 / 45 Sekunden mischen. In saubere Gläser
füllen und genießen.

Heidelbeere Orangen Bananen Mohn Smoothie

Zutaten
Fleisch einer Orange
100 g Heidelbeeren
2 Bananen
20 g Mohn
1 Pck. Vanille Zucker
1 Prise Zimt
2 EL Zitronensaft
350 g Mineralwasser

Zubereitung
Alle Zutaten außer den Mohn nacheinander in den Mixtopf geben. Auf Stufe 5 / 1 Minute mischen. Nun Mohn hinzu geben und nochmals 20 Sekunden auf Stufe 3 mischen. In saubere Gläser füllen und genießen.

Zitronen Minze Smoothie

Zutaten
Saft von zwei Zitronen
10 Pfefferminzblätter
500 g Joghurt
50 g Sahne
50 g Zucker
50 g Honig

Zubereitung
Alle Zutaten nacheinander in den Mixtopf geben. Auf
Stufe 5 / 1 Minute mischen. In saubere Gläser füllen und
genießen.

Erdbeer Bananen Smoothie

Zutaten
200 g Erdbeeren
2 Bananen
300 g Buttermilch
50 g Haferflocken
100 g Mineralwasser
Saft einer Zitrone
50 g Zucker
10 Eiswürfel

Zubereitung
Alle Zutaten nacheinander in den Mixtopf geben. Auf
Stufe 5 / 1 Minute mischen. In saubere Gläser füllen und
genießen.

Aprikosen Honig Smoothie

Zutaten
200 g Aprikosen, in Hälften
80 g Honig
1 Prise Zimt
1 Prise Muskat
1 Pck. Vanille Zucker
400 g Mineralwasser

Zubereitung
Alle Zutaten nacheinander in den Mixtopf einwiegen.
Auf Stufe 5 / 1 Minute mischen. In saubere Gefäße
umfüllen und kalt stellen.

Bunte Fruchtexplosion

Zutaten
1 Ananas in Stücken
50 g Himbeeren
50 g Heidelbeeren
Saft einer Zitrone
1 Banane
300 g Buttermilch
100 g Joghurt
100 g Mineralwasser
90 g Zucker
10 Eiswürfel

Zubereitung
Alle Zutaten nacheinander in den Mixtopf geben. Auf
Stufe 5 / 1 Minute mischen. Alles nochmals nach unten
schieben und 30 Sekunden / Stufe 3. In saubere Gläser
füllen und genießen.

Feigen Schoko Smoothie

Zutaten
Fruchtfleisch von 4 Feigen
50 g Schokolade
400 g Buttermilch
100 g Sahne
½ TL Zimt
1 Pck. Vanille Zucker
50 g Honig
70 g Zucker

Zubereitung
Alle Zutaten nacheinander in den Mixtopf geben. Auf
Stufe 5 / 1 Minute mischen. In saubere Gläser füllen und
genießen.

Mandarinen Mango Bananen Smoothie

Zutaten
2 Mandarinen, geschält
1 Mango, geschält, in Stücken
2 Bananen
Fleisch einer Orange
500 ml Orangensaft

Zubereitung
Alle Zutaten nacheinander in den Mixtopf geben. Auf
Stufe 3 / 45 Sekunden mischen. In saubere Gläser füllen
und genießen. Eventuell noch mit einer Zitronen Scheibe
dekorieren.

Möhren Smoothie

Zutaten
200 g Möhren, in Stücken
500 g Orangensaft
60 g brauner Zucker
1 Prise Ingwer
Saft einer Zitrone
1 Prise Pfeffer

Zubereitung
Alle Zutaten nacheinander in den Mixtopf geben. Auf
Stufe 5 / 1 Minute mischen. Eventuelle Reste nach unten
schieben und nochmals 30 Sekunden / Stufe 3. In
saubere Gläser füllen und genießen.

Avocado Bananen Mandel Smoothie

Zutaten
Fruchtfleisch einer Avocado
2 Bananen
600 ml Mandelmilch
100 g brauner Zucker
50 g Haferflocken
1 Prise Zimt

Zubereitung
Alle Zutaten nacheinander in den Mixtopf geben. Auf
Stufe 5 / 1 Minute mischen. Eventuelle Reste nach unten
schieben und nochmals 30 Sekunden / Stufe 3.
In saubere Gläser füllen und genießen.

Orangen Ingwer Smoothie

Zutaten
Fruchtfleisch von 2 Orangen
500 ml Orangesaft
Saft einer Zitrone
10 Eiswürfel
1 Prise Ingwer

Zubereitung
Alle Zutaten nacheinander in den Mixtopf geben. Auf
Stufe 5 / 1 Minute mischen. Eventuelle Reste nach unten
schieben und nochmals 30 Sekunden / Stufe 3.
In saubere Gläser füllen und genießen.

Grüne Smoothies

Kiwi Gurken Smoothie

Zutaten
200 g Kiwis, in Stücken
1 Salatgurke, geschält, in Stücken
300 g Apfelsaft
50 g Zitronensaft
80 g Zucker
1 Prise Salz

Zubereitung
Alle Zutaten nacheinander in den Mixtopf geben. Auf Stufe 5 / 1 Minute mischen. Eventuelle Reste nach unten schieben und nochmals 30 Sekunden / Stufe 3. In saubere Gläser füllen und genießen.

Limetten Traum

Zutaten
2 Limetten, geschält, in Stücken
500 g Buttermilch
½ Banane
80 g brauner Zucker
1 Prise Ingwer

Zubereitung
Alle Zutaten nacheinander in den Mixtopf geben. Auf
Stufe 5 / 1 Minute mischen. Eventuelle Reste nach unten
schieben und nochmals 30 Sekunden / Stufe 3. In
saubere Gläser füllen und genießen.

Spinat Granatapfel Smoothie

Zutaten
100 g Spinat, frisch
50 g Erdbeer Marmelade
Fleisch eines Granatapfels
500 g Joghurt
100 g Sahne
1 TL Zucker
1 TL Salz
1 Prise Pfeffer
1 Prise Salz

Zubereitung
Alle Zutaten nacheinander in den Mixtopf geben. Auf
Stufe 5 / 1 Minute mischen. Eventuelle Reste nach unten
schieben und nochmals 30 Sekunden / Stufe 3.
Nochmals abschmecken. In saubere Gläser füllen und
genießen.

Gurken Schnittlauch Smoothie

Zutaten
1 Gurke, in Stücken
½ Bund Schnittlauch
1 Knoblauch Zehe, gepresst
½ TL Salz
1 Prise Pfeffer
1 Prise Chili
1 Prise Ingwer

Zubereitung
Alle Zutaten nacheinander in den Mixtopf geben. Auf
Stufe 5 / 1 Minute mischen. Eventuelle Reste nach unten
schieben und nochmals 30 Sekunden / Stufe 3. Umfüllen
und hübsch drapieren.

Grünkohl Smoothie

Zutaten
1 Hand voll Grünkohl Blätter
1 Banane
300 g Apfelsaft
30 g Zucker
1 Prise Pfeffer
5 Eiswürfel

Zubereitung
Alle Zutaten nacheinander in den Mixtopf geben. Auf
Stufe 5 / 1 Minute mischen. Eventuelle Reste nach unten
schieben und nochmals 30 Sekunden / Stufe 3.
In saubere Gläser füllen und genießen.

Rosenkohl Spinat Smoothie

Zutaten
1 Hand voll Grünkohl Spinat
200 g Rosenkohl
300 g Mineralwasser
1 TL Zucker
1 TL Salz
1 Prise Pfeffer
5 Eiswürfel

Zubereitung
Alle Zutaten nacheinander in den Mixtopf geben. Auf
Stufe 5 / 1 Minute mischen. Eventuelle Reste nach unten
schieben und nochmals 30 Sekunden / Stufe 3.
In saubere Gläser füllen und genießen.

Apfel Staudensellerie Smoothie

Zutaten
3 Stangen Staudensellerie
2 grüne Äpfel, geschält und geviertelt
½ Bund Petersilie
500 g Apfelsaft
1 Prise Pfeffer
1 Prise Ingwer

Zubereitung
Alle Zutaten nacheinander in den Mixtopf geben. Auf
Stufe 5 / 1 Minute mischen.
In saubere Gläser füllen und genießen.

Schnittlauch Salat Smoothie

Zutaten
1 Hand voll Salat
½ Bund Schnittlauch
300 g Apfelsaft
30 g Zucker
1 Prise Pfeffer
5 Eiswürfel

Zubereitung
Alle Zutaten nacheinander in den Mixtopf geben. Auf
Stufe 5 / 1 Minute mischen. Eventuelle Reste nach unten
schieben und nochmals 30 Sekunden / Stufe 3.
In saubere Gläser füllen und genießen.

Spinat Bananen Smoothie

Zutaten
1 Hand voll Spinat
1 Banane
300 g Apfelsaft
30 g Zucker
1 Prise Pfeffer
5 Eiswürfel

Zubereitung
Alle Zutaten nacheinander in den Mixtopf geben. Auf
Stufe 5 / 1 Minute mischen. Alles nochmals nach unten
schieben und 5 Sekunden / Stufe 10. Umfüllen und
genießen.

Gurken Joghurt Smoothie

Zutaten
1 Gurke, in Stucken
500 g Joghurt
1 Prise Chili
½ TL Salz
100 ml Mineralwasser
½ Bund Dill

Zubereitung
Alle Zutaten nacheinander in den Mixtopf geben. Auf
Stufe 5 / 1 Minute mischen. Eventuelle Reste nach unten
schieben und nochmals 30 Sekunden / Stufe 3.
In saubere Gläser füllen und genießen.

Honigmelonen Kiwi Smoothie

Zutaten
1 Honigmelone, geschält in Stücken
2 Kiwis, geschält in Stücken
60 g Zucker
500 g Joghurt
100 g Mineralwasser

Zubereitung
Alle Zutaten nacheinander in den Mixtopf geben. Auf
Stufe 5 / 1 Minute mischen.
In saubere Gläser füllen und genießen.

Petersilien Gurken Smoothie

Zutaten
1 Gurke, geschält
½ Bund Petersilie
500 g Buttermilch
Saft einer Zitrone
½ TL Salz
10 Eiswürfel

Zubereitung
Alle Zutaten nacheinander in den Mixtopf geben. Auf
Stufe 5 / 1 Minute mischen. Eventuelle Reste nach unten
schieben und nochmals 30 Sekunden / Stufe 3.
In saubere Gläser füllen und genießen.

Nachtrag zum Impressum / Copyright

- AMP Photo Studio
- Jurgielewics
- ISchmidt
- Johan Larson

Herstellung und Verlag:
BoD - Books on Demand, Norderstedt
ISBN 978-3-7347-5983-3